DE LOS MIRLOS FUGACES

Jorge Fernández Gonzalo

DE LOS MIRLOS FUGACES

RENACIMIENTO
XII PREMIO DE POESÍA
JUANA CASTRO

XII PREMIO DE POESÍA JUANA CASTRO
Ayuntamiento de Villanueva de Córdoba

*Un jurado compuesto por Dª. Juana Castro, D. Pedro Sevilla, D. Antonio Luis Ginés,
D. José Pérez Zarco, D. Francisco Onieva y Dª. Ana Isabel Torralbo Higuera
concedió el XII Premio de Poesía Juana Castro a la obra*
De los mirlos fugaces *de* Jorge Fernández Gonzalo

Este proyecto ha recibido una ayuda del Ministerio de Cultura,
a través de la Dirección General del Libro, del Cómic y de la Lectura.

www.editorialrenacimiento.com
BUGANVILLA, I • 41907 VALENCINA DE LA CONCEPCIÓN (SEVILLA)
tel.: (+34) 955998232 • editorial@editorialrenacimiento.com

Diseño de cubierta: Equipo Renacimiento

DEPÓSITO LEGAL: SE 1143-2026 • ISBN: 979-13-87939-75-5
Impreso en España • Printed in Spain

ARS POETICA

UN PÁJARO

[GUARDADME ESTE SECRETO...]

GUARDADME este secreto:
las palabras están hechas de pájaros.
Hay algunas que tienen
curiosidad de mirlo
y brincan por los parques a la espera
de levantar el canto y otorgarle
salvación a aquello que sentimos,
y otras –como le ocurre a la abubilla–
hacen del exotismo su bandera
y resuenan, espléndidas,
rumbosas,
con esa ostentación de lo lejano;

hay palabras-urraca que nombran los objetos
que hurtamos para hacer de ellos el nido
con el que cultivar lo cotidiano,
hay palabras-albatros que se pierden
en esa inmensidad de nuestra infancia
y su infinito océano,
y hay palabras-vencejo y verbos-golondrina
que te erizan la piel

como si te rozaran con sus alas,
y palabras comunes, palabras-gorriones,
las palabras que están aquí y allá
sin que nadie les haga apenas caso.

Esas son mis palabras. Así son mis poemas.
Tan solo gorriones
que los niños señalan en los parques
para exclamar, atónitos: *¡un pájaro!*

LIBRO I

TERRIBLE OPACIDAD

[DETENTE: ESTÁS AQUÍ...]

D ETENTE: estás aquí.
Has llegado al instante.

El pulso milenario de las cosas
conspiró hasta ofrecerte
tu dura opacidad
                    (no le hagas caso:
deja que todo gire en derredor,
que el mundo se dibuje en un lenguaje
del que no entiendas nada
pero que te atraviese quedamente
porque ahí se inaugura la poesía).

Terrible opacidad la de mi cuerpo
tan solo traspasada de palabras.

No será nunca tuya la paciencia
con que estas amapolas esparcidas
aguardarán el sol de primavera;

nunca tendrás su tiempo,
ni su manera de medir el vuelo
indeciso de aquellas avefrías
que rozan lo concreto,

pero apenas un hilo,
la paciente madeja
de la mirada y de los nombres,
harán de este paisaje permanencia.

Vuelve el otoño. Vuelve
su claridad abierta
de hojas amarillas, o este roce
del frío que afianza los cuerpos y los días.

Vuelve la luz temprana de septiembre
y todo ya ha existido.
Todo fue en estas sombras azuladas
y en su retorno, que me envuelve.

Todo ha existido y todo es ello mismo.
Plenitud circular. Tiempo cerrado.

Le corresponde a la mirada
la expresión del fragmento,
la dádiva de la inconsistencia
con la que naufragar en el deseo.

[LA MOSCA QUE PERSIGUE...]

La mosca que persigue
opacidades
choca, de repente,
con el cristal.
            No queda transparencia
de la que sorprenderse.

Frente a la mosca, al menos,
poder nombrar aquello al otro lado.

(Consuelo de los nombres
en ausencia de vuelo).

[*QUIZÁS CON MIS PALABRAS...]*

Quizás con mis palabras
no se pueda crear este paisaje,
pero qué holgura dejan en los seres,
qué extensión, qué aura los reafirma,

y así, de poco en poco, ir tejiendo los días
lentamente, sin más cavilaciones:
el enebro que surge en primavera
o la brisa que agita
las espigas del trigo
hasta dejar los campos en cursiva.

Nombrar sin más y siempre sin por qué
como si se estrenara con el verbo
la ropa nueva de las cosas.

[*TODO POEMA ESCRIBE…]*

Todo poema escribe
signos borrados, huecos
dolorosamente desprendidos,
agujeros que arden
en la piel de los campos.

Todo poema sabe
callar en el momento
exacto: río, nube,
extensión y mirada.

Toda belleza debería
alertarnos del mundo que perdemos.

[EN EL HUECO QUE DEJAN
AL VOLAR LAS LIBÉLULAS...]

En el hueco que dejan al volar las libélulas
solo escribo el fantasma de mis versos.
El despojarse el cielo de sentido.

Palabras,
tan solo unas palabras
cuyo artificio deje indemne al mundo.

[*TODO ESCENARIO TIENE...*]

Todo escenario tiene
algo de reincidente:

el cielo que espejea lo profano,
la claridad que anuncia cada sombra,
la brisa que reafirma
su tensión indolente
en los quiebros de espigas y de hojas,
y el modo en que miramos alejarse
a aquellas golondrinas (y ellas mismas).

El mundo siempre es doble porque todo se abisma
en sí mismo y el nombre,
en lo que es y en lo que deseamos,
en el roce y la piel hecha recuerdo.

Así, en cada rosa hay dos rosas:
su olor y su nostalgia.

[NO HAN FLORECIDO LOS CEREZOS...]

No han florecido los cerezos
ni el lento amanecer testimonia las cosas,
y sin embargo surge
el cauto olor de la fascinación
que arrebola a los seres.

Ojalá ya no tener palabras
para callar ante lo que sucede.

Hay un jardín vacío.
En su humedad sin nombre
germina lo invisible.

Ojalá no existiera
otra felicidad que ya no esperar nada.

[EL MIRLO Y LA PALABRA...]

El mirlo y la palabra
se buscan, se tantean.
Uno abre sus alas,
la otra vuela.

A lo mejor se trata de lo mismo
y ninguno lo sabe. A lo mejor
la palabra es un mirlo
y el mirlo una oración.

Al verse cara a cara
no saben qué decirse;
por eso el mirlo canta
y el poeta lo escribe.

[¿CÓMO PUEDEN LOS ÁLAMOS...]

¿CÓMO pueden los álamos
ofrecer claridad entre sus hojas?
Nada hay más asombroso
que un cuerpo que se deja traspasar
y mostrar tras de sí la estela de la tarde.

¿O acaso no hay milagro en este álamo
como también en todo lo que amaga
con mostrarnos el día a su trasluz?

Como las hojas de este álamo
también yo, en miserable opacidad,
me dejo atravesar por las palabras.

LIBRO II

CONTEMPLACIONES

[HAY PÁJAROS. Y PIENSO...]

HAY pájaros. Y pienso
que nacemos en deuda con el mundo.
Que la belleza exige
cobrar un cheque en blanco
mientras lo negociamos con el vuelo
impaciente del ave redentora.

[CANTO...]

CANTO
aquello en el umbral de la existencia,
es decir, a punto de forjarse,
a punto de llover, de alzar el vuelo,
a punto de besar o desmigarse,
a punto de ser ello
y ser otro, por tanto,
pues si lo piensas todo está en el borde
de ser, se aferra al límite,
se alza en precipicios de existencia,
comparece en la cúspide
y ahí, donde la ola teje espumas
y todo se hace verbo,
dejadme estar ahí,
escribir lo impreciso,
ser en mi propio afán por disolverme.

[AQUELLA MARIPOSA BATE SUS ALAS ANTE TI...]

AQUELLA mariposa bate sus alas ante ti
y nada ocurre al otro lado del océano.
No hay ninguna tormenta que achacarle
al inocente lepidóptero,
ningún desastre natural o cataclismo
de proporciones bíblicas;
la mariposa bate, indiferente, sus alas
y la luz apenas se percata
de su extensión traslúcida,
apenas sabe el aire
que servirá de piel para su roce,
nada sucede en Hong Kong o en Nueva York
o en las antípodas del mundo,
pero tampoco aquí, en este miserable
momento, en el que tú,
absorto en lo banal,
en la fibra anodina del instante,
escribes sobre esta insensatez
que es oír el silencio, el de una mariposa,
y esta serenidad sin artificio.

El vuelo intrascendente.
Que nada más suceda.
Quietud hecha milagro en lo sencillo.

[CUANDO EL ÁNADE VUELVE, ¿SE REPITE...]

CUANDO el ánade vuelve, ¿se repite
su condición de ave o solo es mi deseo
lo que espejea el mundo en vuelos repetidos?

No existen dos cosas iguales,
luego uno más uno es imposible
y toda matemática mentira.

A partir de ahí, digamos
que todos y cada uno de estos ánades
son solo la ficción
de un pájaro que nunca se repite,
que no existe, que solo
deseamos e hicimos
palabra, y canto, y vuelo.

De un modo semejante
también la poesía es lo imposible.

La existencia no es obvia.
A veces, en los parques,
mi hijo y yo contemplamos cómo lucha
por abrirse camino entre las correhuelas,
entre matas y dientes de león,
por hileras de hormigas
en formación, entre unos zapateros
que de lejos parecen mariquitas
y en no pocos indicios
de que aquí lo cercano
solo cabe en los ojos de los niños.
La existencia no es obvia,
pero a veces sucede ahí delante
y con eso nos basta.

[HAY UN CLAMOR OCULTO EN CADA HOJA...]

Hay un clamor oculto en cada hoja
tímida del cerezo,
una canción prendida en lo invisible,
un secreto que fluye con su savia
y que alimenta al fruto
de una verdad más alta y más sencilla
porque todo lo nuevo
es algo que se ofrece,
un hueco entre las cosas en donde refugiarnos.

Seamos en la curva
imprecisa de ramas. En sus hojas.
En lo que nunca tuvo una mirada.
En los candados rotos del asombro.

[HOY NADIE HACE YA FOTOS
A DONDE REGRESAR...]

Hoy nadie hace ya fotos a donde regresar.
¿Qué fue de aquellos álbumes
con sus láminas sepia, escenas bochornosas,
esos planos movidos,
las ridículas prendas de otra época?

Hoy las fotografías
se pierden en el gesto
que hace volar la luz. Nada las ancla
al tiempo o la memoria.

Solo dejar la marca
de la fotografía en el paisaje
y no que las imágenes nos marquen a nosotros,
inmunes al recuerdo,
estériles de olvido, pasajeros
de qué extraños planetas digitales.

[LA MUERTE ERA UN PRIVILEGIO...]

LA muerte era un privilegio
que conceden los dioses.
Pero, a cambio,
la belleza del mundo nos obliga
a no salir indemnes del milagro.

[*MIRO LOS PÁJAROS Y SIENTO CÓMO ELLOS...*]

Miro los pájaros y siento cómo ellos
me devuelven esta soledad
que creía extraviada,

entre teléfonos, autos,
calles sin nombre y sin historia,
los pájaros resisten
el apagón.

Gracias mirlos, palomas, gorriones,
por darme el desamparo
con el que entrar en mí sin añoranza.

[LA LENTITUD DE ESTA MAÑANA...]

La lentitud de esta mañana
se refleja en los frutos del madroño,
en el vuelo sencillo, sensitivo,
con el que los insectos dibujan espirales
y trazan el paisaje.

Dejadme estar aquí. No pido mucho.

Tan solo esta mañana y mi silencio,

y devolver al mundo
su desnudez de nadie.

[*VEO A UN ANCIANO CAMINAR DESPACIO...]*

VEO a un anciano caminar despacio
y perderse en la tarde, fundirse en su desgarro.
Los veo declinar hacia las cuencas
vacías y acechantes de la noche:
un viejo y un crepúsculo,
compañeros de un mismo destino,
en un mismo trayecto
demorándose tanto como puedan.

La vida, a estas alturas, son pedazos de exilios,
fragmentos de otras vidas
que no me dejan huella, salvo en los pocos casos
en los que se ilumina
un trozo de existencia.

La nieve es una herida.
No hay cicatriz para esta nieve.

¿Qué añaden al paisaje
mis ojos desnortados?

Nieva como si el cielo
quisiera pronunciar
su propia espera.

[*ENTRE MIRLO Y MEMORIA...*]

ENTRE mirlo y memoria
me quedo, casi siempre, con el mirlo
(es decir, que prefiero los instantes,
el momento del vuelo,
la extensión de la tarde entre sus alas).

Y, sin embargo, sé que las palabras
dan testimonio de las pérdidas,
poseen el centelleo de lo extinto,
la condición de vuelo y desbandada
de los mirlos fugaces.

LIBRO III

MEMORIA DE LOS CUERPOS

[EL OLOR DE LA TIERRA, ¿QUÉ JUVENTUD ME TRAE?...]

E L olor de la tierra, ¿qué juventud me trae?
¿Qué secreta memoria
habita en los olores
que desgarran el campo: espliego o hierbabuena,
algunas matas de tomillo
y el polvo que se alza a cada paso...?

El mundo siempre aguarda. Espera a que volvamos.
Pero nunca se vuelve.
Nunca retornaremos como la primavera
o la pelusa blanca de los chopos.
Nunca se vuelve.
Y, sin querer, los campos
me advierten que yo soy el que se marcha.

[*SIEMPRE IMAGINO QUE EN EL AGUA...*]

SIEMPRE imagino que en el agua
mi cuerpo tiene veinte años menos.
El sol baña mis hombros y mi espalda,
pero mi cuerpo se convierte en huella,
algo de él se queda
alojado en las aguas y en el tiempo
inmarcesible del ahora.

Me pregunto si acaso
la luz también tendrá nostalgia de nosotros,
si añorará mi cuerpo
aquel de veinte años
tras bañarse en él parsimonioso,
al sumergir ahora sus manos expectantes
en el terrible hallazgo
de mi vejez.

[MIENTRAS MIRAS EL MUNDO
Y DESORDENAS...]

MIENTRAS miras el mundo y desordenas
sus relieves de lluvia,
me tomas de la mano y caminamos juntos
haciendo del camino un bien preciado,
un júbilo trivial,
una conquista
bajo este cielo gris desvanecido
en el que estamos solos, ya sin la codicia
por apurar los cuerpos, dar nombres al deseo,
recorrer nuestra piel a grandes sorbos
porque ahora lo nuestro es lo sencillo,
aquello que no existe demasiado:
un país de susurros,
los planetas del tacto entre las sábanas,
resquicios fronterizos para el beso,
la disciplina de los pequeños roces
y esos pocos instantes
en donde faltan pájaros y sobra
la torpeza del verso.

DE los mapas, yo busco el extravío.
De la flor, que se pueda
soplar y sus vilanos
esparzan una lluvia minuciosa
de placidez y amor inabarcable.

Del verano, septiembre.
De la nube, la brisa.
Y de tu cuerpo el tacto
apenas flor o nube,
extravío y septiembre
                              (todo junto).

[*EL CAMINO DE ASFÓDELOS...*]

E*L* camino de asfódelos
que conecta las casas de la aldea
cicatriza las huellas de los pájaros.

Pero yo me salgo del camino
para nombrarte lo invisible
como quien sale de su nombre.

Destruirse es lo único que salva

Mi cuerpo hace raíces,
desenreda sus miedos,
se desenvuelve hacia la transparencia.

La piel que nos dijimos
es también un poema.

[*EL DESEO ERA ESO...*]

EL deseo era eso:
la diferencia mínima entre el lince
y el recodo vacío
que deja atrás en su trayecto,
el margen impensable
entre la flor y el nudo de los vientos,
el modo en que la brisa
rodea cada pétalo
y ahí, en lo que roza,
en la frontera o nieve de los cuerpos,
en la ventisca o límite,
ahí, en esa brecha
donde habita lo incierto,
lo lejano se torna pertenencia.

No todo puede ser pensado.
Hay un musgo en las cosas,
un borde de relámpagos,
un lanugo, como el de los bebés
(esa capa de vello indescifrable),
que tan solo posee plena existencia
con el surgir del tacto entre dos cuerpos.

[*TODOS LOS PÁJAROS TIENEN*
ALGO DE TU NOMBRE...]

TODOS los pájaros tienen algo de tu nombre,
un pedazo de ti, una consigna,
semiótica en las alas
con que poder decirte.
            Y sin embargo
no hay justicia en lo que se repite,
no hay compasión en las duplicidades
y todo signo es signo de la muerte,
transición a una ausencia.
El presente, sin ti, es un secuestro.
Todos los pájaros poseen
un poco de tu nombre,
una brizna de ti,
un pasaje, una vía hacia tus hombros,
memoria o resonancia de tu piel acendrada,
pero también, irremediablemente,
los pájaros acaban recordándome
con su vuelo sin rumbo
las terribles maneras de perderte.

[*DOY GRACIAS A LA NOCHE*
Y A LOS NOMBRES...]

Doy gracias a la noche y a los nombres
y a todas esas cosas que afirman el deseo,
porque sin ellas la desnudez del mundo
sería insoportable.

Pues nada hay más cruel que un mundo consumado,
que una verdad sin huecos
donde no hubiera noches ni palabras,
donde ya no pudiera
desearte.

[ALGÚN DÍA, TENDRÉ QUE
HABLARTE CARA A CARA...]

ALGÚN día, tendré que hablarte cara a cara
de todas esas cosas que rompimos,
de las que se rompieron por sí solas
y de qué partes de nosotros
se marcharon con ellas.

Nos quedan los vencejos
y el retorno sin tasas o aranceles
de su vuelo invisible.

Nos queda este consuelo
por lo recuperable.

[*Y SIN EMBARGO YO...*]

> «Yo
> No canto a la hoja,
> Canto solo a la tierna muerte
> Que ella esconde».
>
> ANA BLANDIANA

Y sin embargo yo
no canto a la muerte ni a sus frías espinas,
sino a las hojas de los álamos,
a las huellas de albatros en la playa,
al musgo de la piedra
o a los recodos de tu cuerpo
donde ella se esconde, silenciosa.

Canto lo que es amor y resistencia.

[TODO POEMA ES UNA ELEGÍA...]

TODO poema es una elegía
donde poder perdernos uno en otro.
Todo poema es una caricia
donde todas las tardes son la misma tarde,
aquella (¿acaso no te acuerdas?)
en que nos conocimos
y nos dimos la mano, y yo te pedí un beso,
y enseguida caímos en la cuenta
de que esa tarde y todas las siguientes
acabarían siendo este poema.

[NO SÉ SI A TI TAMBIÉN TE PASA...]

No sé si a ti también te pasa,
pero yo ya no puedo explicar el mundo antes de ti,
como si de repente cayéramos en cuenta
de que no recordamos el pasado
y que las brumas grises del olvido
desdibujan la casa de la infancia
(dónde quedaba el dormitorio o el aseo,
qué muebles adornaban la cocina
antes de la reforma, el color de las paredes,
o cómo era el sofá, o las cortinas...);
ya no puedo explicar, no puedo recordarme
al recorrer esta vereda juntos
y tomarnos la mano, o al mirarme al espejo
y ver en él mi rostro y la torpe insistencia
de todo lo que soy,
cómo estaba amueblado yo sin ti.

LIBRO IV

INFANCIAS DUPLICADAS

[*VEN, HIJO MÍO, VEN: SIGUE MIS PASOS...*]

VEN, hijo mío, ven: sigue mis pasos.
Por aquí llegaremos hasta el puente
de piedra, si aún existe.
Sigue por el camino de hojas amarillas
hasta el arroyo seco. Aquí,
en tanta calma, tanta
levedad de libélulas y helechos,
aquí tendrás este recuerdo mío,
este recuerdo nuestro. Padre e hijo.
Los dos en dirección el puente viejo,
vadeando las aguas soñolientas,
las piedras, las ortigas,
el camino de ramas y de insectos,
porque aquí nos espera lo imborrable
de un recuerdo que es don,
de una imagen que surge y que es entrega
entre un padre y un hijo. Mira allí.
Tras esos troncos casi pueden verse
varias losas comidas por el tiempo.
Es allí, prosigamos. Falta poco.
Este recuerdo es todo lo que puedo

ofrecerte, aunque duela.
Aunque luego te queme en la memoria.
Este recuerdo juntos, el de un padre y un hijo,
el de quien ya dio cuenta del cáliz de los días
y quien tiene delante las mieles del hallazgo.
Allí está. Es el puente. Míralo.
Aún aguanta. Cuidado, no resbales.
Aún se puede subir y ver pasar las aguas
del río y de la vida,
del tiempo y de los peces. Porque este
es ya nuestro recuerdo. Solo nuestro.
Yo te veré correr con la corriente,
caminar por senderos aún inexplorados,
vivir como quien entra
en las aguas recientes de los ríos
desde esta barandilla que separa
tus pasos de los míos, tu nervio de mi calma.
Tú serás este río y abrazarás la vida
aunque hoy, este instante,
estemos tú y yo, ahora, juntos
sobre el puente de piedra,
una fotografía eterna y silenciosa
antes de que prosigas tu camino
y la vida te lleve a otros lugares
y el olvido reclame este momento.

[*MIRO A MI HIJO, MIRO CÓMO JUEGA...]*

MIRO a mi hijo, miro cómo juega,
cómo corre detrás de la pelota
o sube a los columpios decidido

y, de repente, un estremecimiento.

Miro a mi hijo, pero desconozco
qué hay al otro lado de los lirios,
cuál será el envés de la lavanda,
qué habrá en el lado oculto de la piedra.

Miro a mi hijo. Ser padre es este miedo.
Ser padre es no saber
cómo tanta belleza
no puede ser nombrada
y por qué este temor es tan blanco y tan puro
como el lirio que crece con la muerte.

[¿VISTE AQUEL SALTAMONTES?...]

¿Viste aquel saltamontes?
¿Ves cómo hilvana el dorso de esta tarde
de verano, su vértigo nostálgico,
cómo atraviesa, enhebra,
ensarta lo indecible
de la brisa y la teje, decidido,
cómo trenza el pasado, cómo zurce
entre espigas y matas amarillas
un recuerdo de infancia que olvidaste?
Sigue su rastro entre los cereales.
Tu mirada de nuevo es la de un niño.
No sé qué hilo enhebra este saltamontes
pero sí lo que hay al otro extremo,
al otro lado de la cuerda:
estás tú, y tu anhelo
por los descubrimientos.
En el envés de todos los veranos
eres el niño aquel que perseguía
la luz y los insectos.
El niño aquel, colmado
de inocencia sin sombra.

[EL TIEMPO NO PERDONA...]

EL tiempo no perdona
pero te da las gracias. Te llama por tu nombre.
El tiempo, con el tiempo,
te confirma a qué hora
llegan los trenes a las estaciones.

Aunque ninguno acabe siendo el tuyo.

OJALÁ se pudiera empujar aún más alto
este columpio, hijo.
Ojalá las estrellas y las nubes
se te enredaran en las zapatillas
y lograras darle una patada
a un avión o al espejo de la luna;
ojalá yo pudiera empujarte a la vida
y que al fin conquistases la ruta de los pájaros,
las maneras del viento,
los ritos de la lluvia sin que te pase nada,
pero el columpio no da más de sí
ni tampoco mi espalda.
                              Con el tiempo
descubrirás el mundo y ya no habrá columpios.
No quedarán más parques ni escondites,
aprenderás los nombres de los mapas
y ya no habrá ni *cruci, tú la ligas,*
has roto olla o *manga riega*
aquí no llega,
ni ganarás en todas las partidas.

Llegarán el deseo y la nostalgia.
Conocerás el mar y las noches de junio.
Descubrirás idiomas milenarios
con que un cuerpo se esparce en otros cuerpos
hasta quedarse mudos;
aprenderás el miedo y la tristeza,
el olor a tomillo entre las zarzas,
los fantasmas de aquello que perdiste.

La vida tendrá entonces
el tamaño de un pájaro,
el caudal de la lluvia necesaria,
y tú derrocharás cada gota de ella.
No debes preocuparte por la deuda
o por los aranceles de tu asombro:
el paso de los días, inevitablemente,
lo cargará todo a mi cuenta
y aunque no puedas verme
yo seguiré empujando, inquebrantable,
el columpio invisible de tus sueños.

EL salitre en las plumas de las aves
me ofrece la memoria
errante de los siglos:
sus nubes, sus espumas,
lo pequeño e inmenso
contenido en la fiel salpicadura
del ave, su aleteo sin conquista,
su ebria transparencia.

[LA VIDA ENCUENTRA A VECES...]

La vida encuentra a veces
un recodo al que asirse,
una pequeña esquirla de memoria,
un pliegue, anudamientos
de la parca que teje mi destino
y que a veces se embrolla
en pequeños pedazos del paisaje,
quién sabe por qué lance,
por qué consigna o fallo
antes de proseguir desanudando
la madeja que teje nuestro olvido.

[*SIEMPRE QUISE ATRAPAR UN GRILLO CON LAS MANOS...*]

SIEMPRE quise atrapar un grillo con las manos,
guardarlo en una caja
de zapatos y hacerme con su música
como quien trata de encontrar el nombre
de una canción apenas recordada,

pero cuando extendía, sigiloso,
mis pasos por la noche
con cuidado de no rozar la hierba
el bosque se callaba de repente.

Más tarde supe que mis cacerías
tendrían al silencio como presa.

[*RECUERDO QUE, DE NIÑOS...*]

RECUERDO que, de niños,
nos prohibimos tocar las mariposas
por miedo a desprender el polvo de sus alas
y que no remontaran nunca el vuelo.

Ahora, con los años, me pregunto
cuándo fue que quitamos
el polvo a la mirada
hasta perder el vuelo de las cosas.

[LA INFANCIA ERA UN PAÍS LLENO DE ÁRBOLES...]

La infancia era un país lleno de árboles.

En todas las infancias
se dibuja una casa junto a un árbol
y un sol, y un caminito
rodeado de flores.

Solo los padres vemos
la ficción que es la vida
y cómo nuestros hijos la repiten
con afán que creímos perdido.

Lo verdadero habita en esos sueños.

[¿QUÉ TIEMPO YA OCURRIDO...]

I

¿Qué tiempo ya ocurrido
está lloviendo aquí
y vuelve a sucederse en cada gota?
Cuando llueve, ya sabes,
en esas grises tardes del otoño,
llueve como si fuera un día añejo,
una tarde gastada, un sábado o un lunes
de los años ochenta.
           Llueve, está lloviendo
en una sintonía de otro tiempo,
una radiofrecuencia de la infancia,
porque siempre que llueve
y el suelo forma charcos
y en los tejados sale
esa capa de lluvia como pulgas
ingenuamente saltarinas

noto cómo se aleja
algo de mí
–hacia dónde.

II

LLUEVE. En todas las infancias llueve.
En todas las infancias
las tardes de domingo son inmensas
como gigantes huellas de elefante
y demasiado lentas, igual que una partida
de los juegos de mesa que no acababan nunca;
llovía como si el mundo fuera viejo,
pero nosotros no lo éramos.
Hoy, sin embargo, duele más el verano.
Siento que el tiempo no me pertenece,
que mi cuerpo no aguanta sus hogueras,
que fue mía su luz, que fueron mías
las calles y el susurro de las hojas
del álamo de junio, y los perdí;
no queda nada de aquel cuerpo
que podía encarar sus tardes infinitas,
que podía mojarse
en los meses de estío y sus promesas.
No queda nada, nadie,
para los nuevos torsos que hoy reflejan
tantas verdades en su juventud.

III

LA lluvia solo es lluvia cuando roza
los cuerpos y los dota de nostalgia,
porque la lluvia siempre es un pedazo
de aquello que perdimos,
memoria que retorna
inexplicablemente.

CODA

UN LATIDO

[*A LA EXISTENCIA...*]

A la existencia,
como a los días de verano,
también acuden moscas.

Cuidemos su temblor.
El pequeño equilibrio
de todo, al existirse,
al tomar nuestra mano o nuestros ojos
y convertirnos juntos
en latido.

ÍNDICE

ARS POETICA
UN PÁJARO

[Guardadme este secreto...] 9

LIBRO I
TERRIBLE OPACIDAD

[Detente: estás aquí...] 13
[No será nunca tuya la paciencia...]. 14
[Vuelve el otoño. Vuelve...] 15
[La mosca que persigue...] 16
[Quizás con mis palabras...] 17
[Todo poema escribe...] 18
[En el hueco que dejan al volar las libélulas...] 19
[Todo escenario tiene...]. 20
[No han florecido los cerezos...]. 21
[El mirlo y la palabra...] 22
[¿Cómo pueden los álamos...] 23

LIBRO II
CONTEMPLACIONES

[Hay pájaros. Y pienso...] 27

[Canto...]. 28

[Aquella mariposa bate sus alas ante ti...] 29

[Cuando el ánade vuelve, ¿se repite...] 31

[La existencia no es obvia...] 32

[Hay un clamor oculto en cada hoja...] 33

[Hoy nadie hace ya fotos a donde regresar...] 34

[La muerte era un privilegio...]. 35

[Miro los pájaros y siento cómo ellos...]. 36

[La lentitud de esta mañana...] 37

[Veo a un anciano caminar despacio...] 38

[La nieve es una herida...]. 39

[Entre mirlo y memoria...] 40

LIBRO III
MEMORIA DE LOS CUERPOS

[El olor de la tierra, ¿Qué juventud me trae?...] 43

[Siempre imagino que en el agua...]. 44

[Mientras miras el mundo y desordenas...] 45

[De los mapas, yo busco el extravío...] 46

[El camino de asfódelos...]. 47

[Destruirse es lo único que salva...] 48

[El deseo era eso...] 49

[*No todo puede ser pensado...*] 50

[*Todos los pájaros tienen algo de tu nombre...*] 51

[*Doy gracias a la noche y a los nombres...*] 52

[*Algún día, tendré que hablarte cara a cara...*] 53

[*Y sin embargo yo...*] 54

[*Todo poema es una elegía...*] 55

[*No sé si a ti también te pasa...*] 56

LIBRO IV
INFANCIAS DUPLICADAS

[*Ven, hijo mío, ven: sigue mis pasos...*] 59

[*Miro a mi hijo, miro cómo juega...*] 61

[*¿Viste aquel saltamontes?...*] 62

[*El tiempo no perdona...*] 63

[*Ojalá se pudiera empujar aún más alto...*]. 64

[*El salitre en las plumas de las aves...*] 66

[*La vida encuentra a veces...*] 67

[*Siempre quise atrapar un grillo con las manos...*] . . . 68

[*Recuerdo que, de niños...*] 69

[*La infancia era un país lleno de árboles...*]. 70

[*¿Qué tiempo ya ocurrido...*] 71

CODA
UN LATIDO

[*A la existencia...*] 77

De los mirlos fugaces,
de JORGE FERNÁNDEZ GONZALO,
XII Premio de Poesía Juana Castro,
salió de la imprenta el
20 de marzo de
2026